Nicole Helbig

Punkt für Punkt

ANWENDUNGSBEISPIELE FÜR COLORPOINT

frechverlag

Im frechverlag erscheinen ständig neue Bücher zu den unterschiedlichsten Kreativ-Themen:

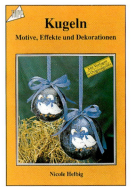

TOPP 1510

Weihnachtskugeln selbst bemalt und dekoriert
Nicole Helbig

TOPP 1568

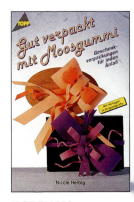

TOPP 1823

TOPP 1718

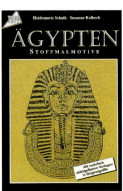

TOPP 1719

TOPP 1728

Fotos: frechverlag GmbH + Co. Druck KG, 70499 Stuttgart;
Fotostudio Ullrich & Co., Renningen

Materialangaben und Arbeitshinweise in diesem Buch wurden von der Autorin und den Mitarbeitern des Verlags sorgfältig geprüft. Eine Garantie wird jedoch nicht übernommen. Autorin und Verlag können für eventuell auftretende Fehler oder Schäden nicht haftbar gemacht werden. Das Werk und die darin gezeigten Modelle sind urheberrechtlich geschützt. Die Vervielfältigung und Verbreitung ist, außer für private, nicht kommerzielle Zwecke, untersagt und wird zivil- und strafrechtlich verfolgt. Dies gilt insbesondere für eine Verbreitung des Werkes durch Film, Funk und Fernsehen, Fotokopien oder Videoaufzeichnungen sowie für eine gewerbliche Nutzung der gezeigten Modelle.

Auflage: 5. 4. 3. 2. 1. | Letzte Zahlen
Jahr: 1999 98 97 96 95 | maßgebend

© 1994

frechverlag GmbH + Co. Druck KG, 70499 Stuttga
Druck: frechverlag GmbH + Co. Druck KG, 70499 Stuttga

ISBN 3-7724-1865-1 · Best.-Nr. 1865

Mit diesem Buch möchte ich Ihnen einige Möglichkeiten aufzeigen, wie man COLORPOINT-Pearl-Farbe vielseitig verwenden kann.

Ich verzichte hier ganz bewußt auf Kleidung, da ich darstellen möchte, wie vielfältig die Anwendung dieser Farbe sein kann.

Nicht nur Wandbehänge oder Fensterbilder aus Seide und Moosgummi werden durch COLORPOINT-Pearl-Farbe ansprechend gestaltet, sondern auch Blumentöpfe und Spanschachteln werden mit ihr zu einem dekorativen Schmuck Ihrer Wohnung.

Die von mir vorgeschlagenen Oster- und Weihnachtsdekorationen können Ihre Wohnung schmücken und eignen sich hervorragend als Mitbringsel oder Geschenk für Ihre Freunde und Ihre Familie.

Viel Spaß und viel Erfolg bei Ihrer individuellen Ausarbeitung meiner Anwendungsbeispiele.

Ihre
Nicole Hellig

Material & Werkzeug

COLORPOINT-Farbe:

Diese Farbe wirkt so, als wäre der Stoff oder andere Gegenstände, die mit ihr bemalt wurden, mit Perlen bestickt oder beklebt.
Die Farbe ist lichtbeständig, waschbar und stark haftend. Ihre plastische Wirkung sorgt für eine großartige Anwendungsvielfalt. In diesem Buch benutze ich ausschließlich COLORPOINT-'Pearl' Farben.

Glitter:
Glitter ist eine Reliefglitzerfarbe. Sie ist ebenfalls lichtbeständig und waschbar. Erst durch sie bekommen Ihre Bastelarbeiten einen starken Ausdruck.
Diese Glitzerfarbe haftet auf fast jedem Untergrund und ist somit universell einsetzbar.

Tex-Pen:
Dieser Stoffmalstift eignet sich nicht nur für die Arbeit mit Textilien, sondern auch für das Arbeiten mit Seide. Allerdings müssen Sie dabei etwas vorsichtig sein, da diese Stifte auf Seide schnell über die Konturen hinauslaufen. Um das zu verhindern, ziehen

Sie die Konturen zuvor mit einem Konturenmittel nach.
Stoffmalstifte gibt es in verschiedenen Farben und Stärken.
Für Seide verwenden Sie am besten Stifte mit einer dünnen Spitze, bei großen Flächen und stärkerem Stoff bieten sich die Stifte mit der dickeren Spitze an.

Seidenmalfarbe:
Am besten verwenden Sie nur Seidenmalfarben, die nicht dampffixiert werden müssen. Auch diese Farben sind lichtbeständig und waschecht. Alle Farben sind untereinander mischbar und auch auf Baumwolle aufzutragen. Die Farben sind weiterhin mit Wasser verdünnbar. Pastelltöne erzielen Sie mit Mischweiß.

Konturenmittel (Gutta):
Das Konturenmittel dient zur Begrenzung von Farbflächen. Es verhindert das Ineinanderfließen von Seidenfarben.
Allerdings muß die Gutta erst vollständig getrocknet sein, bevor man die Motive farbig ausmalen kann.

Stoffe:
Für die Fensterbilder und den Tischläufer benötigen Sie Seide.
Am besten verwenden Sie die im Handel zu erhaltenden Seidenfensterbilder, und für den Tischläufer eignet sich Meterware. Seide gibt es außerdem in verschiedenen Stärken und Qualitäten. Bei der Gestaltung mit COLORPOINT-Pearl´-Farben ist es aber unerheblich, welche Seide Sie verwenden.
Der Wandbehang und andere Gegenstände sind auf Baumwollstickstoff gemalt. Verwenden Sie bitte nur reinen, sehr feinen Baumwollstoff.

Moosgummi:
Moosgummi ist in verschiedenen Farben und Stärken erhältlich.
In diesem Buch habe ich allerdings ausschließlich Platten mit der Stärke 2 mm verwendet.
Weiterhin sind die Moosgummiplatten im Handel in verschiedenen Größen erhältlich. Ich verwende auch hier ausschließlich Platten in DIN-A3-Größe.

Pinsel:
Zum Auftragen und Verteilen des Glimmers eignen sich Borstenpinsel besonders gut, denn mit ihnen lassen sich zusätzlich noch schöne Strukturen erzielen.
Ansonsten verwenden Sie bitte gute Haarpinsel. Für die Seidenmalerei benötigen Sie einen Pinsel der Stärke 3.

Gießmasse:
Diese Masse ist ein Pulver, das mit Wasser angerührt wird und an der Luft härtet.
Verarbeiten Sie die Masse zügig, da sie sehr schnell trocknet und härtet.

Klebepistole:
Sie eignet sich bestens zum Kleben von Moosgummi, aber auch für alle anderen Bastelarbeiten. Kinder sollten allerdings nur unter Aufsicht mit der Heißklebepistole arbeiten, da die Spitze der Pistole sehr heiß wird.
Der Kleber ist schnell trocken und extrem strapazierfähig.

Falls Sie aber keinen Heißkleber verwenden möchten, empfehle ich Ihnen UHU-Kraft.

Scheren:
Eine scharfe, große Haushaltsschere sowie eine Nagelschere für die Feinheiten werden Sie für Ihre Ausarbeitungen benötigen. Für gerade Linien oder Ecken verwenden Sie allerdings besser einen Cutter.

Stifte:
Für das Moosgummi verwende ich nur schwarze, rote und blaue wasserfeste Filzstifte, am besten mit einer dünnen oder mittleren Spitze. Für das Bemalen der Eier benötigen Sie blaue, schwarze und silberne Lackmalstifte mit mittlerer oder dicker Spitze.

Pappe:
Fertigen Sie sich aus Pappe eine Schablone an, um die Vorlagen auf das Moosgummi zu übertragen.
Am besten legen Sie diese Schablone auf Ihre Moosgummiplatte und umfahren Sie die Konturen der Schablone mit einem Bleistift.

Arbeitsschritte zur COLORPOINT-Pearl-Farbe

1. Übertragen Sie Ihr ausgewähltes Motiv auf den Stoff, die Seide oder andere Gegenstände.
Für die Übertragung des Motivs auf Stoff haben wir für Sie aufzubügelnde Vorlagen in Originalgröße vorbereitet. Bei den anderen Bastelvorschlägen verwenden Sie Schneiderkopierpapier zum Übertragen, denn Blaupapier ist schlecht abzuwischen.

2. Dann können Sie die Farbe auf Ihren Stoff oder sonstige Teile auftragen (siehe Foto).
Dazu halten Sie die Malspitze bitte senkrecht über den Stoff und drücken die Farbe ganz langsam in der gewünschten Menge aus der Flasche heraus. Die Farbperlen plazieren Sie nun am besten in einem Abstand von 0,5 bis 1 cm.

Die Spitze, die sich beim Farbauftrag von der Farbe hochzieht, rundet sich nach kurzer Zeit zu einer Kugel ab.

Wenn sich in Ihren Ausarbeitungen kleine Unregelmäßigkeiten ergeben sollten, so ist das nicht schlimm, da diese Unregelmäßigkeiten den Effekt von echten Perlen nur verstärken.
Doch achten Sie bitte beim Farbauftrag darauf, daß die Symbole der Bügeltransfers ganz mit Farbe bedeckt sind, da sich die aufgebügelte Farbe nicht mehr entfernen läßt.

3. Die Farbe sollte nun ungefähr 24 Stunden trocknen und mindestens drei Tage aushärten, bevor man sie wäscht.

Wichtiger Tip
Es bedarf einiger Übung, bevor Sie filigrane und ordentliche Arbeiten erstellen.
Deshalb empfehle ich Ihnen, zu Beginn auf einem alten Stück Stoff oder auf Papier zu üben.
Je länger Sie üben, desto besser für Ihre Arbeiten.
Am besten ist es jedoch, wenn Sie mindestens einmal eine ganze Stunde am Stück üben, damit Sie ein Gefühl für die Farbe und den Farbauftrag entwickeln.

Hinweise:

* Vor dem Auftragen der gewünschten Farbe auf den Stoff oder bei einem Wechsel der Farbe sollten Sie einige Perlen auf einem Stoffrest oder auf Papier zur Übung auftragen.

* Weiterhin sollte die Malspitze ständig gereinigt werden.
Dieser Vorgang sollte ebenfalls nach jedem Farbwechsel, nach Pausen oder auch während des Malens wiederholt werden.

* Für enge Perlenreihen ist es besser, zuerst Perlen in größeren Abständen zu plazieren und nach dem Antrocknen, ungefähr nach 20 Minuten, die Zwischenräume auszufüllen.

* Auch noch zu erwähnen ist, daß es für Anfänger sehr schwierig ist, perfekte Punkte zu setzen.

* Die Vorlagenbogen sind jeweils so angelegt, daß eine Seite abbügelbar ist, die andere Seite mit Hilfe von Schablonen oder Kopierpapier übertragen werden muß.
Zum Abbügeln muß der Bogen normalerweise zerschnitten werden.
Bitte beachten Sie zuvor die Rückseite. Falls Sie von dort ebenfalls Motive verwenden möchten, sollten Sie sie vor dem Zerschneiden des Bogens kopieren.

Die Übertragung von Bügeltransfers auf den Stoff

Für das Übertragen von Bügeltransfers auf Stoff eignen sich Dampfbügeleisen nicht. Deshalb entfernen Sie bitte das Wasser vollständig aus Ihrem Gerät, bevor Sie das Motiv aufbügeln.
Die Bügelfläche sollte hart und glatt sein, z.B. ein Tisch.

Dann stellen Sie das Bügeleisen auf die für den Stoff empfohlene Temperatur ein (bevorzugt „Baumwolle") und legen die Vorlage mit der bedruckten Seite nach unten auf den Stoff.

Richten Sie nun die Vorlage aus, und stecken Sie sie mit Nadeln fest. Dann setzen Sie das heiße Bügeleisen flach auf Ihre Vorlage und lassen es dort für einige Sekunden auf einer Stelle. Danach drücken Sie es genauso wie vorher auf den nächsten Teil der Vorlage. Somit wird das Motiv Stück für Stück auf den Stoff transferiert, ohne zu verrutschen.

Bitte fahren Sie nicht mit dem Bügeleisen auf Ihrer Vorlage hin und her!

Jetzt heben Sie vorsichtig eine Ecke Ihrer Vorlage an, um sich zu vergewissern, daß das Motiv ganz auf den Stoff übertragen wurde. Falls die Farbe allerdings nicht intensiv genug übertragen worden sein sollte, wiederholen Sie den Bügelvorgang.
Zuletzt ziehen Sie dann das Papier vorsichtig vom Stoff ab.
Nun können Sie mit dem Farbauftrag beginnen.

Wandbehang

Sie benötigen:
90 x 60 cm weißen Baumwollstickstoff
3,5 m dunkelblaues Schleifenband
(4 cm breit)
weiße COLORPOINT-‚Pearl'-Farbe
marineblaue COLORPOINT-
‚Pearl'-Farbe

1. Bügeln Sie das Motiv auf den Stoff auf.

2. Mit marineblauer COLORPOINT-‚Pearl'-Farbe zeichnen Sie jetzt den Vers nach. Setzen Sie kleine Tupfen.

3. Die Verzierungen des Motivs, Blumen und Schleifen, werden ebenfalls mit dieser blauen Farbe nachgemalt.

4. Die dicken Punkte und Striche fertigen Sie bitte anschließend mit weißer COLORPOINT-Pearl-Farbe.

5. Nach dem Trocknen wird der Wandbehang mit dem dunkelblauen Band eingefaßt.

1. Bügeln Sie das Efeumotiv auf die Seide auf. Dann spannen Sie die Seide auf einen Seidenmalrahmen.
2. Mit dem goldenen Konturenmittel malen Sie nun die Konturen nach. Lassen Sie das Konturenmittel vollständig trocknen, bevor Sie weitermalen. Falls das Konturenmittel nicht richtig getrocknet sein sollte, fließt Ihnen die Seidenmalfarbe in alle Richtungen.
3. Danach werden die Efeublätter abwechselnd mit dunkelgrüner, grüner und hellgrüner Seidenmalfarbe ausgemalt.
4. Ihr Tischläufer wird auf die weiße Vlieseline aufgebügelt, um dem Ganzen etwas Stabilität zu geben.

Tischläufer aus Seide mit Efeumotiv

Material:
1 Stück weiße Seide, 95 cm lang und 20 cm breit
1 Stück weiße Vlieseline, 95 cm lang und 20 cm breit
3 m lindgrünes Satinband (2,5 cm breit)
goldenes Konturenmittel, dunkelgrüne Seidenmalfarbe, grüne Seidenmalfarbe, hellgrüne Seidenmalfarbe
weiße COLORPOINT-‚Pearl'-Farbe

5. Setzen Sie mit weißer COLORPOINT-‚Pearl'-Farbe kleine Tupfen, in 1 cm Abstand, auf die goldenen Konturen.
Lassen Sie die Farbe anschließend trocknen, bevor Sie weiterarbeiten.

6. Dann schneiden Sie den Tischläufer an den Enden spitz zu und fassen ihn ringsherum mit dem lindgrünen Satinband ein.

Gänsebild

Material:
feiner blauer Baumwollstickstoff
(45 cm x 40 cm)
1,7 m langes, weißes Band (4 cm breit)
1 Bilderrahmen (37 cm x 29 cm)
hellgrüne COLORPOINT-‚Pearl'-Farbe
weiße COLORPOINT-‚Pearl'-Farbe
schwarze COLORPOINT-‚Pearl'-Farbe
antikgoldene COLORPOINT-‚Pearl'-Farbe

1. Übertragen Sie das Bügeltransfer auf den Baumwollstoff.

2. Malen Sie nun das Motiv wie abgebildet in den verschiedenen COLORPOINT-Pearl-Farben an.
Jede Farbe hat ihr eigenes Symbol.

3. Nach dem Trocknen der Farben wird das fertige Bild mit weißem Band eingerahmt.
Kleben Sie dazu einfach das Band auf den Stoff, lassen Sie dabei die jeweiligen Enden etwas überstehen.

4. Dann kleben Sie den Stoff auf eine Pappe, die überstehenden Enden der Bänder und des Stoffes werden an die Rückseite der Pappe geklebt. So ist das Bild schön gespannt.

5. Rahmen Sie nun das fertige Bild.

Farbsymbole:

|| = weiß   ⊗ = antikgold
| = schwarz   ╱ = hellgrün

Bild für Ihre Küche

Material:
feiner, blauer Baumwollstickstoff (45 cm x 40 cm)
1 m weiße Baumwollspitze
1 Bilderrahmen (37 cm x 29 cm)
weiße COLORPOINT-‚Pearl'-Farbe
schwarze COLORPOINT-‚Pearl'-Farbe

1. Bügeln Sie das Motiv auf den Baumwollstoff auf.

2. Dann malen Sie das Motiv mit schwarzer und weißer COLORPOINT-‚Pearl'-Farbe wie abgebildet nach.
Bitte achten Sie auf die Farbsymbole.
Lassen Sie die Farbe gut trocknen.

3. Spannen Sie nun das Bild über eine Pappe, und kleben Sie die überstehenden Enden an der Hinterseite der Pappe fest.

4. An die Ober- und Unterkante des Bildes kleben Sie nun die weiße Baumwollspitze, die Sie an den Seiten etwas überstehen lassen und ebenfalls an der Rückseite der Pappe festkleben.

5. Rahmen Sie nun Ihr fertiges Bild.

Farbsymbole
|| = weiß
| = schwarz

Türschleife

Material:
1,2 m langes Baumwollstickband, an den Seiten blau abgesetzt (7 cm breit); 1 m langes, blaues Band mit Drahtkante (2,5 cm breit); 1 m langes, rotes Band (1,5 cm breit); 1 roter Holzmarienkäfer; marineblaue COLOR-POINT-‚Pearl'-Farbe

1. Bügeln Sie den Transferschriftzug auf das Stickband auf. Das erste Wort bügeln Sie auf das linke Bandende, das andere auf das rechte Ende des Bandes.

2. Dann tupfen Sie das Motiv mit marineblauer COLORPOINT-‚Pearl'-Farbe nach.
Lassen Sie die Farbe bitte gut trocknen.

3. Nach dem Trocknen nehmen Sie das Band in der Mitte zu einer Schleife zusammen und nähen diese in der Mitte fest.

4. Danach binden Sie zuerst das blaue Band mit Drahtkante zu einer Schleife, die Sie dann in die Mitte der Stickschleife kleben.
Genauso verfahren Sie mit dem roten Schleifenband.

5. Kleben Sie nun den Holzkäfer in die Schleifenmitte.

6. Zuletzt nähen Sie die Schleifenbänder des Stickbandes an den Enden spitz.

1. Schneiden Sie einen Stern aus gelbem Moosgummi aus.

2. Pausen Sie das Gesicht mit Schneiderpauspapier auf den Stern auf.
Dann die Konturen mit dem Filzstift nachmalen.

3. Auf die gemalten Linien des Gesichts werden mit marineblauer COLORPOINT-‚Pearl'-Farbe kleine Tupfen in 0,5 cm Abstand gesetzt.
Dann den Stern ebenfalls mit kleinen blauen Tupfen umranden.

4. Nach dem Trocknen der Farbe kleben Sie den Bambusstab von hinten an den fertigen Stern.

Blumenstecker aus Moosgummi

Material:
1 Platte gelbes Moosgummi
marineblaue COLORPOINT-
‚Pearl'-Farbe
schwarzer, wasserfester Filzstift
Bambusstab (25 cm lang und
1 cm Durchmesser)

Moosgummifensterbild:

Mond

Material:
1 Platte gelbes Moosgummi
1 Platte hellblaues Moosgummi
blauer Faden (10 cm lang)
goldener Glitter
weiße COLORPOINT-‚Pearl'-Farbe
silberne COLORPOINT-‚Pearl'-Farbe

5. Die Konturen des Mondes werden mit weißer COLORPOINT-‚Pearl'-Farbe nachgemalt. Ebenso das Mondgesicht.

1. Den Mond aus hellblauem Moosgummi und die Sterne aus gelbem Moosgummi ausschneiden.

2. Bestreichen Sie dann die Sterne mit goldenem Glitter.

3. Das Gesicht des Mondes mit Kreidepapier auf das Moosgummi pausen und anschließend mit goldenem Glitter nachzeichnen.

4. Nachdem der Glitter getrocknet ist, umranden Sie die Sterne mit silberner COLORPOINT-‚Pearl´-Farbe. Setzen Sie kleine Tupfen in 0,5 cm Abstand.

Ostereier

Mond

Material:
1 Gänseei (im Bastelhandel erhältlich)
hellblaue Acrylfarbe
blauer Lackmalstift mit mittlerer Spitze
weiße COLORPOINT-‚Pearl'-Farbe
Klarlack

1. Bemalen Sie das Ei vollständig mit der hellblauen Acrylfarbe. Danach lassen Sie die Farbe trocknen.
2. Pausen Sie nun das Motiv mit Schneiderpauspapier auf das Ei auf.
3. Mit dem blauen Lackmalstift ziehen Sie daraufhin die aufgepausten Konturen nach.
4. Nun setzen Sie entlang der Außenkonturen des Mondes kleine weiße Tupfen im Abstand von ca. 0,5 cm. Mit derselben COLORPOINT-‚Pearl´-Farbe setzen Sie beidseitig entlang des Mondmundes kleine Tupfen.
5. Wenn die COLORPOINT-‚Pearl´-Farbe getrocknet ist, lackieren Sie das Ei mit Klarlack.

Stern

Material:
1 Gänseei; dunkelblaue Acrylfarbe; silberner Lackmalstift mit mittlerer Spitze; mittelblaue COLORPOINT-‚Pearl'-Farbe; goldgelbe COLORPOINT-‚Pearl'-Farbe;
Klarlack

1. Malen Sie das Ei mit der dunkelblauen Acrylfarbe an, und lassen Sie die Farbe trocknen.
2. Übertragen Sie dann das Motiv mit Schneiderpauspapier auf das Ei.
3. Mit dem silbernen Lackmalstift malen Sie die Konturen des Sterns nach.
4. Tragen Sie dann kleine blaue Pünktchen mit mittelblauer COLORPOINT-‚Pearl'-Farbe in einem Abstand von 0,5 cm, beidseitig entlang der Konturen auf.
5. Mit der goldgelben COLORPOINT-Pearl-Farbe setzen Sie zuletzt einige Pünktchen um den Stern herum.
6. Nach dem Trocknen der Farben lackieren Sie das Ei mit Klarlack.

Schleife

Material:
1 Gänseei
silberner Lackmalstift mit mittlerer Spitze
blauer Lackmalstift mit dicker Spitze
silberne COLORPOINT-‚Pearl'-Farbe
marineblaue COLORPOINT-‚Pearl'-Farbe, Klarlack

1. Übertragen Sie das Schleifenmotiv auf das Gänseei. Benutzen Sie dazu Schneiderpauspapier.
2. Malen Sie nun die Linien der Konturen mit einem silbernen Lackstift nach.
3. Die Schleife wird daraufhin mit einem blauen Lackstift ausgemalt.
4. Falls nötig, pausen Sie die Tupfen, die in der Schleife sind, erneut auf. Dann setzen Sie mit silberner COLORPOINT-‚Pearl'-Farbe kleine Tupfen in die Schleife.
Lassen Sie diese Tupfen erst trocknen, bevor Sie weitermalen.

5. Nun tupfen Sie mit blauer COLOR-POINT-‚Pearl'-Farbe viele kleine Tupfen auf das Weiße des Eis.
6. Zum Schluß, wenn alle Farben getrocknet sind, lackieren Sie das Ei.

Gelb-gemustertes Ei

Material:
1 Gänseei
gelbe Acrylfarbe
blauer Lackmalstift mit dicker Spitze
weiße COLORPOINT-‚Pearl'-Farbe
Klarlack

1. Malen Sie das große Ei mit gelber Acrylfarbe an.
2. Pausen Sie dann mit Schneiderpauspapier das Motiv auf.
3. Mit dem blauen Lackstift malen Sie nun das Motiv vollständig aus.
4. Dann setzen Sie entlang der Linien kleine Tupfen in 0,5 cm Abstand. Benutzen Sie dafür die weiße COLORPOINT-‚Pearl'-Farbe. Malen Sie die Tupfen von beiden Seiten und in zwei nebeneinanderliegenden Linien an den blauen Streifen entlang.
Die Punkte, die in der Mitte des Motivs sind, werden wie die Fünf eines Würfels aufgemalt.
5. Nachdem die Farben getrocknet sind, überziehen Sie das Ei mit Klarlack.

Ei in Natur

Material:
1 Hühnerei; schwarzer Lackmalstift
goldgelbe COLORPOINT-‚Pearl'-Farbe
Klarlack

1. Übertragen Sie das Motiv mit Schneiderpauspapier auf das Ei.
2. Dann zeichnen Sie mit einem schwarzen Lackmalstift die Linien des Motivs nach.
3. Mit gelber COLORPOINT-‚Pearl'-Farbe setzen Sie beidseitig entlang der Linien kleine Pünktchen, die eng zusammenstehen. Lassen Sie die COLORPOINT-‚Pearl'-Farbe gut trocknen. Verzieren Sie außerdem die Enden und Spitzen der ‚V's mit einem Punkt.
4. Lackieren Sie das Hühnerei zuletzt mit Klarlack.

Hühnerei in Gelb

Material:

1 Hühnerei; gelbe Acrylfarbe; silberner Lackmalstift mit dünner Spitze; schwarze COLORPOINT-‚Pearl'-Farbe; Klarlack

1. Malen Sie das Ei mit gelber Acrylfarbe an.
2. Nach dem Trocknen wird das Motiv mit Schneiderpauspapier auf das Ei übertragen.
3. Zeichnen Sie nun die Linien des übertragenen Motivs mit einem Silberstift nach.
4. Auf diese silbernen Linien tupfen Sie dann mit schwarzer COLORPOINT-‚Pearl'-Farbe kleine Pünktchen in 0,5 cm Abstand.
5. Wenn die COLORPOINT-‚Pearl'-Farbe getrocknet ist, überziehen Sie das fertige Ei mit Klarlack.

TIP
Anstatt echter Eier können Sie auch Plastik- oder Holzeier verwenden, die Sie im Fachhandel erhalten.

Span-schachtel

Material:
1 runde Spanschachtel mit 24 cm Durchmesser kupferne Acrylfarbe COLORPOINT- ‚Pearl'-Farbe in Marineblau Mittelblau Goldgelb Toffee Schwarz

1. Malen Sie die Spanschachtel von außen mit kupferner Acrylfarbe an.

2. Nachdem die Acrylfarbe trocken ist, pausen Sie mit Schneiderpauspapier die Motive auf.

3. Malen Sie die Motive gemäß den Farbsymbolen an.

Farbsymbole:
- X = marineblau
- ⊖ = mittelblau
- ● = goldgelb
- \ = toffee
- | = schwarz

Sonne, Mond und Sterne

Sonne

Material:
1 Platte gelbes Moosgummi
1 Platte blaues Moosgummi
1 Rundholz (28 cm hoch und 1 cm Durchmesser)
1 kleiner blauer Blumentopf (8 cm hoch und 7,5 cm Durchmesser)
kleine, goldene Streusternchen
Gießmasse
blaue Acrylfarbe
weiße COLORPOINT-‚Pearl'-Farbe
silberne COLORPOINT-‚Pearl'-Farbe
schwarze COLORPOINT-‚Pearl'-Farbe

1. Schneiden Sie eine blaue und eine gelbe Sonne nach der Vorlage aus den Moosgummiplatten aus.
Kleben Sie dann den vorher mit blauer Deckfarbe angemalten Rundstock auf die blaue Sonne auf.

2. Danach wird die gelbe Sonne auf die blaue Sonne geklebt, achten Sie dabei darauf, daß die Spitzen der Sonnenstrahlen versetzt aufeinanderliegen.

3. Jetzt schneiden Sie den Stern und den Mond aus blauem Moosgummi aus und kleben beides wie abgebildet auf die gelbe Seite der Sonne.
Aus gelbem Moosgummi werden ebenfalls ein Mond und ein Stern ausgeschnitten, die dann auf die blaue Sonnenseite aufgeklebt werden.

4. Mit schwarzer COLORPOINT-‚Pearl'-Farbe werden nun kleine Punkte, in einem Abstand von 0,5 cm, in die Mitte der Sonnenstrahlen gesetzt.
Zuerst eine Seite bemalen, die Farbe trocknen lassen, dann die andere Seite der Sonne betupfen.
Mit der gleichen Farbe setzen Sie auch kleine Pünktchen um die gelben und blauen Sterne herum.
Auf die Sternkonturen werden im selben Abstand kleine Tupfen mit weißer COLORPOINT-‚Pearl'-Farbe gesetzt.

5. Pausen Sie nun mit Schneiderpauspapier die Mondgesichter auf.

6. Die Konturen der Monde werden abwechselnd mit weißer und silberner COLORPOINT-‚Pearl'-Farbe umrandet.
Die Mondgesichter werden mit silberner COLORPOINT-‚Pearl'-Farbe nachgemalt.
Lassen Sie die Farben bitte nach jedem Arbeitsschritt trocknen, bevor Sie weiterarbeiten.

7. Nun befestigen Sie das Rundholz im Topf.
Stecken Sie dazu den Stab in ein kleines Stück Trockensteckmasse, das Sie dann im Topf festkleben.
Dann wird der Topf mit Gießmasse gefüllt, die Sie erhärten lassen.
Zuletzt streuen Sie die kleinen, goldenen Sternchen auf die Gießmasse.

Mond

Material:
1 Platte blaues Moosgummi
1 Platte gelbes Moosgummi
1 Rundholz (23 cm hoch und 1 cm Durchmesser)
1 kleiner blauer Blumentopf (8 cm hoch und 7,5 cm Durchmesser)
blaue Acrylfarbe
Gießmasse
Streuglimmer
goldener Glitter
COLORPOINT-‚Pearl'-Farbe in Antikgold, Marineblau

1. Schneiden Sie den Mond aus blauem Moosgummi und die Sterne (ein großer, zwei mittlere, zwei kleine) aus gelbem Moosgummi aus.

2. Den Mond und die Sterne mit Tulip Glitter in Gold bestreichen und trocknen lassen.

3. Die Sterne werden nun alle mit marineblauer COLORPOINT-‚Pearl'-Farbe umrandet.
Setzen Sie bitte große und eng beieinanderliegende Punkte.
Den Mond umranden Sie mit goldener COLORPOINT-‚Pearl'-Farbe.

4. Pausen Sie das Gesicht des Mondes mit Schneiderpauspapier auf das Moosgummi auf.

5. Mit goldener COLORPOINT-‚Pearl'-Farbe wird anschließend auch das Mondgesicht angemalt, bitte auch hier dicke und eng beieinanderliegende Punkte setzen.
Nachdem alle Farben trocken sind, wird weitergearbeitet.

6. Nun kleben Sie die beiden kleinen Sterne am oberen Ende des Mondes auf.
Einer wird von vorne, der andere von hinten an den Mond geklebt.
Zwischen diese kleinen Sterne legen Sie noch einen ca. 5 cm langen Faden, der mitbefestigt wird.
Die beiden mittelgroßen Sterne werden dann an das herunterhängende Ende des Fadens geklebt, ebenfalls gegeneinander.
So schwingt der mittelgroße Stern frei.

7. Malen Sie jetzt das Rundholz mit blauer Acrylfarbe an, und lassen Sie diese trocknen.
Dann wird der Stab auf den Mond geklebt. An der unteren Mondkante und dem Stab befestigen Sie dann den großen Stern, der so das Stabende verdeckt.

8. Gipsen Sie den Stab mit Gießmasse in den kleinen Topf ein, und lassen Sie die Gießmasse erhärten.
Nach dem Erhärten bestreuen Sie die Gießmasse mit Streuglimmer.

Platzset „Clown"

Material:
1 Baumwoll-Platzset in Beige
(fertig genäht im Handel erhältlich)
COLORPOINT-‚Pearl'-Farbe in
Kirschrot, Schwarz,
Weiß, Hellgrün,
Marineblau, Toffee

1. Übertragen Sie das Clownmotiv auf Ihr Platzset.
2. Gestalten Sie das Motiv mit den COLORPOINT-‚Pearl'-Farben.
Jede Farbe hat Ihr eigenes Farbsymbol.

Bitte achten Sie auf den Farbwechsel, damit Ihr Motiv später gut zu erkennen ist.

Dann lassen Sie die Farben trocknen und ungefähr drei Tage aushärten, bevor Sie das Set in Gebrauch nehmen.

Farbsymbole:
○ = kirschrot
| = schwarz
|| = weiß
7 = hellgrün
X = marineblau
\ = toffee

Moosgummi-fensterbild:

Sonne und Mond

Material:
1 Platte blaues Moosgummi
1 Platte gelbes Moosgummi
1 dicker, 25 cm langer, gelber Faden zum Aufhängen
blauer, wasserfester Filzstift
schwarzer, wasserfester Filzstift
roter, wasserfester Filzstift
COLORPOINT-‚Pearl'-Farbe in
Weiß
Schwarz
Marineblau

1. Aus blauem Moosgummi wird zuerst der Kreis ausgeschnitten. Aus dem gelben Moosgummi schneiden Sie dann den Mond, den großen und die zwei kleinen Sterne aus.

2. Pausen Sie mit Schneiderpauspapier die Gesichter des Mondes und des großen Sterns auf das Moosgummi auf.
Anschließend malen Sie die Gesichter mit den Filzstiften nach, den Mund rot, die Konturen schwarz und die Iris der Augen blau.

3. Danach werden die Konturen des Sterns nochmals nachgemalt, diesmal mit schwarzer COLORPOINT-‚Pearl'-Farbe. In die Iris setzen Sie einen kleinen, weißen Punkt aus COLORPOINT-Pearl-Farbe.
Die Zacken des Sterns werden daraufhin mit marineblauer COLORPOINT-‚Pearl´-Farbe umrandet. Setzen Sie dabei bitte kleine Punkte.

4. Die zwei kleinen Sterne und der Mond werden nur mit marineblauer COLORPOINT-‚Pearl'-Farbe, entlang der Konturen, umrandet.

5. Kleben Sie nun, wenn alle Farben getrocknet sind, den Mond und die zwei kleinen Sterne wie abgebildet auf eine Seite des blauen Kreises.
Der große Stern wird auf die andere Seite geklebt.

6. Das übrige Blau des Kreises auf der Mondseite wird nun mit etwas größeren Tupfen der weißen COLORPOINT-‚Pearl'-Farbe gestaltet.

7. Die Sternseite des Moosgummihängers verzieren Sie so mit weißer COLORPOINT-‚Pearl'-Farbe, daß jeweils zwischen zwei Sternzacken drei Punkte gesetzt werden.
Wenn dann auch diese Farbe getrocknet ist, ziehen Sie den Faden zum Aufhängen durch ein schon vorher mit einer Nadel gebohrtes Loch.

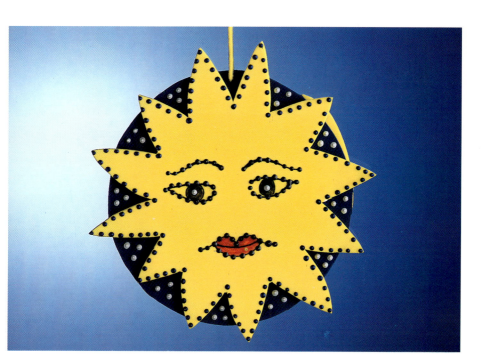
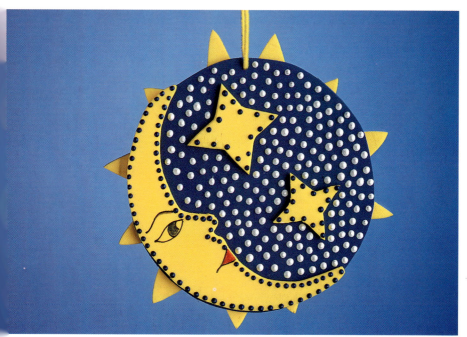

Weihnachtskugeln

Schneemannkugel

Material:
1 mattrote Glaskugel mit
14 cm Durchmesser
schwarzer Lackstift
Phantomstift (aus der Seidenmalerei),
z.B. STRICH-ex
COLORPOINT-‚Pearl'-Farbe in
Weiß, Schwarz,
Kirschrot, Hellgrün

1. Fertigen Sie sich eine Schablone aus Pappe an, um den Schneemann auf die Kugel zu übertragen. Oder pausen Sie das Motiv mit Blaupapier oder Schneiderpauspapier auf.

2. Falls Sie eine Schablone angefertigt haben, drücken Sie die Schablone auf die Kugel, und umfahren Sie sie mit einem schwarzen Lackstift.
Ziehen Sie dann mit dem Lackstift zwei Striche, die den Hutdeckel von der Hutkrempe trennen.
Das Gesicht des Schneemanns malen Sie dann mit einem Phantomstift auf. Ebenso die acht Knöpfe und die innere Rumpflinie.
Der Phantomstift ist ein Stift, der nach kurzer Zeit unsichtbar wird.

3. Danach malen Sie das Motiv, wie durch die Farbsymbole beschrieben, mit den COLORPOINT-‚Pearl'-Farben an. Auf die restliche Kugelfläche setzen Sie mit weißer COLORPOINT-‚Pearl'-Farbe kleine Tupfen, die jeweils im Dreieck angeordnet sind.

Kleine silberne Kugel

Material:
1 matte Silberkugel mit 8 cm Durchmesser
mittelblaue COLORPOINT-‚Pearl'-Farbe
goldgelbe COLORPOINT-‚Pearl'-Farbe
Phantomstift (aus der Seidenmalerei),
z.B. STRICH-ex

1. Malen Sie die Linien mit einem Phantomstift auf die Kugel auf. Achten Sie darauf, daß jeder zweite Strich etwas länger wird.

2. Setzen Sie nun entlang der aufgemalten Linien kleine Tupfen in 0,5 cm Abstand. Die längeren Linien werden mit goldgelber, die kürzeren mit mittelblauer COLORPOINT-‚Pearl'-Farbe angemalt.

Kleine rote Kugel

Material:
1 rote Kugel mit 8 cm Durchmesser
hellgrüne COLORPOINT-‚Pearl'-Farbe

1. Übertragen Sie das Motiv vorsichtig mit Schneiderpauspapier auf die Kugel.

2. Malen Sie das Motiv mit hellgrüner COLORPOINT-‚Pearl'-Farbe nach.

Kleine grüne Kugel

Material:
1 matte, grüne Kugel mit 8 cm Durchmesser
kirschrote COLORPOINT-‚Pearl'-Farbe
weiße COLORPOINT-‚Pearl'-Farbe

1. Übertragen Sie das Motiv auf die Kugel.

2. Tupfen Sie die geraden Linien mit kirschroter COLORPOINT-‚Pearl'-Farbe nach. Die Verzierungen in der oberen Hälfte der Kugel werden mit weißer COLORPOINT-‚Pearl'-Farbe gemalt.

Farbsymbole:

|| = weiß
| = schwarz
O = kirschrot
7 = hellgrün

Seidenfensterbild:

Stern

Material:
1 Seidenfensterbild (20 cm x 20 cm)
1 m blaues Band (1,5 cm breit)
2 m weißes Band (1 cm breit)
schwarzes Konturenmittel
hellblauer Tex-Pen mit feiner Spitze
dunkelblauer Tex-Pen mit feiner Spitze
gelber Tex-Pen mit feiner Spitze
weiße COLORPOINT-‚Pearl'-Farbe
silberne COLORPOINT-‚Pearl'-Farbe
marineblaue COLORPOINT-‚Pearl'-Farbe

1. Übertragen Sie das Bügeltransfer auf Ihr Seidenfensterbild.

2. Dann malen Sie das aufgebügelte Motiv mit dem schwarzen Konturenmittel nach.
Lassen Sie dieses Konturenmittel gut trocknen, bevor Sie weitermalen.

3. Nun malen Sie die Sterne abwechselnd mit dem hellblauen und dunkelblauen Tex-Pen aus. Das Gesicht wird mit gelbem Tex-Pen ausgemalt.

4. Nachdem das Motiv nun ausgemalt ist, werden mit weißer COLORPOINT-‚Pearl'-Farbe kleine Punkte auf die schwarzen Konturen der hellblauen Sterne getupft.
Bei den dunkelblauen Sternen setzen Sie an der Sterninnenseite mit silberner COLORPOINT-‚Pearl'-Farbe kleine Tupfen neben die schwarzen Konturen.

Auf den weißgebliebenen Hintergrund geben Sie mehrere blaue Tupfen mit marineblauer COLORPOINT-‚Pearl'-Farbe.
Lassen Sie die Farben trocknen, bevor Sie weiterarbeiten.

5. Aus den Bändern binden Sie eine doppelte Schleife.
Die Hälfte des weißen Bandes brauchen Sie zum Aufhängen des Fensterbildes.
Dann nähen Sie die Schleife und das Band zum Aufhängen in die Mitte der Oberkante des Bildes.

Blumentöpfe im Mexiko-Style

Kleiner Topf

Material:
1 Tontopf (10 cm hoch und 15 cm Durchmesser)
weiße COLORPOINT-‚Pearl'-Farbe
goldgelbe COLORPOINT-‚Pearl'-Farbe
marineblaue COLORPOINT-‚Pearl'-Farbe

1. Pausen Sie das Motiv mit Schneiderpauspapier auf den Topf auf. Das Motiv wird zweimal aufgepaust, einmal von jeder Seite, achten Sie bitte darauf, daß die Konturen aneinanderstoßen.

2. Malen Sie jetzt das Motiv mit den COLORPOINT-‚Pearl'-Farben, wie mit den Farbymbolen beschrieben, nach.
Bitte setzen Sie kleine Punkte.

3. Nachdem die Farben getrocknet sind, bepflanzen Sie den Tontopf mit frischen oder künstlichen Kakteen.

Großer Topf

Material:
1 Tontopf (17 cm hoch und 20 cm Durchmesser)
COLORPOINT-‚Pearl'-Farbe in
Hellgrün
Goldgelb
Schwarz
Kirschrot

1. Das Motiv wird zuerst mit Schneiderpauspapier auf den Topf übertragen. Von jeder Seite einmal das große Mittelmotiv auftragen und die Bordüren so oft, bis der Topf rundum gestaltet ist.
Achten Sie beim Aneinandersetzen darauf, daß die Schnittkanten aneinanderstoßen.

2. Jetzt malen Sie die Motivvorlage mit den COLORPOINT-‚Pearl'-Farben an.
Achten Sie auf die Farbsymbole, und setzen Sie kleine Tupfen.
Dann lassen Sie die Farben gut austrocknen.

3. Der bemalte Topf wirkt noch viel besser, wenn Sie ihn im passenden Stil bepflanzen, Kakteen, egal ob künstlich oder frisch, eignen sich am besten.

Farbsymbole

großer Topf:

$+$ = schwarz
7 = hellgrün
● = goldgelb
○ = kirschrot

kleiner Topf:

○ = dunkelblau
$||$ = weiß
7 = goldgelb

turenmittel nachgemalt. Achten Sie darauf, daß keine Lücken entstehen, denn sonst ist das Konturenmittel unwirksam, da die Farbe dann zwischen den Konturen hindurchläuft.

3. Nachdem das Konturenmittel trocken ist, malen Sie die Sonne mit gelbem Tex-Pen aus. Der Hintergrund des Motivs wird mit dunkelblauem Tex-Pen bemalt.

4. Auf den noch feuchten blauen Hintergrund streuen Sie nun etwas Kochsalz. Das Salz treibt die Farbe auseinander und sorgt für einen schönen Effekt. Nachdem die Farben getrocknet sind, streichen Sie das Salz vorsichtig vom Bild herunter.

Seidenfensterbild:

Sonne
Material:
1 Fensterbildbogen aus Seide (20 cm breit und 30 cm hoch); schwarzes Konturenmittel; gelber Tex-Pen mit feiner Spitze; dunkelblauer Tex-Pen mit dicker Spitze; goldener Glitter; antikgoldene COLORPOINT-‚Pearl'-Farbe; silberne COLORPOINT-‚Pearl'-Farbe

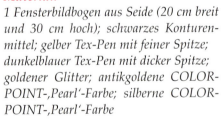

5. Auf die schwarzen Konturen des Motivs (Sonne und Gesicht) setzen Sie jetzt mit goldener COLORPOINT ‚Pearl'-Farbe kleine Tupfen in 0,5 cm Abstand. Lassen Sie die Farbe trocknen.

6. Zwischen die Sonnenstrahlen streichen Sie nun mit einem feinen Pinsel goldenen Glitter.

1. Bügeln Sie das Sonnenmotiv auf den Fensterbildbogen auf.

2. Die Konturen des aufgebügelten Motivs werden mit schwarzem Kon-

7. Um den Bildrand herum werden zuletzt zwei Reihen silberne Punkte mit der COLORPOINT-‚Pearl'-Farbe getupft.